LES TRIBUS ARABES DE L'IRAC-ARABI

Quoiqu'on donne généralement le nom d'Arabes à toutes les tribus qui occupent les bords de l'Euphrate, il est facile de voir par les différences de mœurs et de constitution physique, que cette population est formée de plusieurs souches qui ont adopté la langue et la religion des Arabes, mais parmi lesquelles on peut encore reconnaître des vestiges de la population aborigène de la Chaldée et de la Mésopotamie. Il faut d'abord faire une exception pour les familles chrétiennes qui suivent le rite syriaque, et qui se donnent à elles-mêmes le nom de *Achouri* c'est-à-dire Assyriens. Les Achouri sont peu nombreux à Bagdad, mais ils forment une partie de la population de Mossoul. On les rencontre dans presque toutes les bourgades de la Mésopotamie, à Julamerk, Altoun-Kouprou, et à Kerkouk. Ils ont un archimandrite qui habite Mardin. Leurs habitudes et leurs occupations les rapprochent des Arméniens ; ils sont essentiellement sédentaires, la vie nomade leur est inconnue, en cela seul ils diffèrent des Arabes, pour qui le séjour des villes est intolérable.

Comme race, ils se distinguent des Arabes par des traits tout aussi caractéristiques. Ils sont moins nerveux et moins élancés, leur barbe est plus touffue, les uns et les autres ont le nez aquilin, mais l'ossature de la mâchoire arabe est beaucoup plus forte, les dents plus grandes et les lèvres plus fines. En un mot on remarque chez les Achouri des traits frappants de ressemblance avec l'antique race de Ninive. Les chrétiens de la Mésopotamie n'ont pas conservé l'habitude de porter leurs cheveux longs, mais sur les bords du golfe Persique, et surtout dans la région du Guermesir, qui forme la province la plus méridionale de la Perse, on trouve fréquemment des individus qui portent les cheveux touffus et bouclés exactement comme les sujets des bas-reliefs de Persépolis, de Ninive ou de Schapour. Nous ne voulons pas dire que tout ce qui est resté des débris des populations Chaldéenne et Assyrienne ait embrassé le christianisme, mais il est certain que ces peuples n'ont accepté l'islamisme que sous le joug de la conquête, tandis que l'histoire nous montre les peuplades de sang arabe, embrassant la doctrine de Mahomet avec une facilité qui prouve que cette religion s'adaptait parfaitement avec leurs mœurs et le caractère de leur civilisation.

La population musulmane des contrées que traverse l'Euphrate se divise d'abord en deux classes : les nomades, et les habitants des villes. Ces derniers se composent principalement de Turcs ou d'enfants de Turcs venus dans ce pays comme militaires ou employés du gouvernement, et qui s'y sont établis. Quelques-uns se livrent au commerce et pratiquent certaines industries qu'ils partagent avec les Arabes, par exemple celles de selliers et d'armuriers; quant au commerce de caravanes il est entièrement entre les mains des Arabes.

La population issue de Turcs est également reconnaissable à des caractères qu'il est plus facile de peindre que de décrire. C'est un fait qui frappe tous ceux des Européens qui arrivent en Orient; dans les premiers jours, cette population paraît tout à fait homogène ; mais avec un peu d'habitude et d'observation, on finit par distinguer et par classer parfaitement les types multiples qui la composent. Les Turcs, les Arabes, les Arméniens, les Grecs, les Israélites, chacun porte sur son visage le cachet de son origine et de sa race. Pour les uns vous reconnaissez leur type dans la forme de l'arcade orbitaire plus ou moins relevée, pour les autres c'est dans la position des oreilles, la saillie des pomettes. Les Kurdes ont le nez tellement cambré, que le profil atteint quelquefois la convexité d'un demi cercle. La perpétuité de ces types se conserve d'autant plus facilement, que toutes ces peuplades, familles ou tribus, ne s'unissent qu'entre elles. Si les Turcs, d'origine Tartare, ont fini par perdre un peu leur type primitif, cela vient de ce qu'ils se sont unis avec des femmes chrétiennes, et des esclaves de Circassie ; mais pour le commun peuple, surtout dans les régions de l'est et du sud, il a conservé en grande partie son caractère primitif. Le nez plutôt rond qu'allongé, les pommettes saillantes, l'œil vif et petit, et les oreilles détachées du crâne. Chez les Turcs pur sang, la barbe est peu abondante ; si vous voyez un Turc portant une belle barbe longue et touffue, vous pouvez être assuré que sa race a éte régénérée par le sang Circassien ou Persan.

Il n'en est pas de même des Arabes ; éloignés de tout contact avec les races du nord, leur type s'est perpétué comme leurs mœurs, et même, dans la grande famille Arabe, divisée en un nombre infini de tribus, il est très-rare qu'un homme choisisse ses femmes dans une autre tribu que dans la sienne propre.

Les esclaves ne sont réservées que pour les scheiks et les gens riches, et dans les régions dont nous parlons, les esclaves noires y sont très-peu répandues, les hommes de sang mêlé issus d'une pareille union y apparaissent à peine.

Quoique la généralité des tribus arabes soit portée vers la vie nomade, la vie maritime a tenté une partie de la population qui avoisine les rives du golfe Persique. Tout le petit cabotage entre Bender-Bou-Scheir, Bender-Dillum, Bassora, et Mascate, est entre les mains des Arabes, ces derniers, sans avoir précisément des comptoirs sur les côtes de la Perse, y ont des résidents, qui sont là, autant pour la police que pour les intérêts du commerce. Ainsi, à Bender-Dillum, les Arabes traitent leurs affaires avec un scheik de leur nation. Presque toute la population maritime arabe est sujette de l'iman de Mascate. Les Arabes, sans êtres de grands navigateurs, savent encore entretenir le cabotage sur le golfe Persique, sans eux, on n'y verrait pas un bâtiment oriental. Il est curieux de voir l'aversion que les Persans ont pour la mer, et on peut même dire pour ses produits, car sur les côtes de la Perse on ne voit pas un filet, ni une barque de pêche. Il semble que le poisson n'ignore pas cette particularité car il abonde sur les côtes du Guermesir et, à marée basse, on voit une espèce de poisson, qui se présente par myriades, prenant ses ébats sur le sable et sur la vase humide, sans que jamais Persan ait l'idée d'en profiter pour s'en nourir. On sait que chez les Musulmans, comme chez les Egyptiens, le poisson sans écaille est regardé comme impur, or ces poissons n'ont pas d'écailles.

La navigation du golfe Persique, surtout dans les parages qui avoisinent Bender-Bou-Scheir et Bassora, n'offre pas de grandes difficultés, les Arabes montent de grandes canges portant un seul mât, avec une voile carrée et une livarde, et comme dans le fond du golfe il y a mouillage partout, vu le peu de profondeur de l'eau, on navigue de jour et on mouille tous les soirs pour passer une nuit tranquille.

Il faut dire aussi que le régime diététique des Musulmans s'oppose à ce qu'ils puissent entreprendre des voyages de long cours. L'horreur que leur inspire la chair de porc, les empêche de faire usage de salaisons de cette viande, si précieuse pour les navigateurs. Les poissons salés, comme les harengs et les anguilles, leur sont inconnus. Les marins Arabes n'ont donc pour se nourir que l'éternel riz des orientaux, quelques dattes et du beurre rance, on embarque bien aussi un peu de chair séchée et salée, qu'on appelle *Pastourma*, mais elle est tellement coriace qu'on est obligé de la râper pour en composer une espèce de bouillie. Les Arabes navigateurs paraissent former une ou plusieurs tribus qui n'ont presque pas de de rapport avec les Arabes des terres. Celui qui, dans son cabotage, a mis de côté assez d'argent pour s'acheter une cange, prend le titre de réis et navigue pour son compte. S'il survient un sinistre, si la cange est perdue, il s'engage comme matelot au service d'un autre patron. Payent-ils un impôt annuel à leur iman de Mascate? Sont-ils soumis à toutes les obligations qui incombent aux sujets d'un Etat organisé? Il est difficile de les faire expliquer sur ce sujet, tant-ils craignent de faire des confidences à un homme qui pourrait en abuser. Le plus clair de leurs redevances c'est le droit de mouillage, d'ancrage et de patente, qu'ils payent aux nazirs des villes où ils mouillent. Les affaires de douane ne regardent que les armateurs mais quoique la frontière des deux Etats soit très-mal gardée sous ce rapport, la contrebande de commerce n'y est pas facile, vu les grandes distances à parcourir et la difficulté des endroits de recel, ceci du reste est l'affaire des caravaneurs et non pas des marins.

La vie libre qu'ils mènent paraît influer avantageusement sur leur caractère, le marin Arabe est aussi vif et gai, que le nomade est triste et taciturne. Il a quelquefois dans sa barque un darbouca, espèce de tambourin, une sorte de rebec, violon à trois cordes, et il ne lui en faut pas davantage pour charmer les ennuis d'une traversée, qu'il n'a aucun souci d'abréger. Si le matin on met l'amure à tribord, quelque soit le vent qui souffle, on ne change pas la manœuvre. Allah kerim! Dieu est grand, on aborde toujours quelque part. L'imprévoyance de ces marins est telle, que c'est presque toujours le manque d'eau douce qui les force à aborder en quelque plage hospitalière. Si l'on y rencontre des connaissances, alors tant pis pour l'armateur, la cargaison et les passagers, on mange un mouton, c'est autant de pris sur la mauvaise fortune, et l'on paye l'hospitalité de son hôte avec un pain de sucre, frelaté avec on ne sait quelle drogue; est-ce de l'amidon, du plâtre, ou du talc, le grocer anglais seul le sait. A Paris nous savons qu'on frelate notre sucre avec de la glycose, c'est du moins une consolation.

Une flottille de canges est toujours réunie à Bassora pour faire le transit entre cette ville, les ports de la Perse et Mascate. Mais ces bâtiments ne franchissent jamais le détroit d'Ormuz, et ce sont les bâtiments de l'Iman qui naviguent jusqu'à Bombay.

Bassora est la plus grande ville de l'Irac-Arabi, après Bagdad. Cette dernière ville est le chef-lieu du gouvernement de la province, quoiqu'elle soit hors de ses limites, car en réalité toute la rive gauche de l'Euphrate appartient à l'Irac-Adjémi.

Bassora a été jadis fortifiée, et est percée d'une ligne de canaux qui reçoivent la marée du golfe Persique, de sorte que les canges peuvent aller mouiller dans l'intérieur de la ville.

La population se compose d'un certain nombre de Turcs et d'Arabes sédentaires qui paraissent étrangers aux familles des nomades.

Toutes la contrée environnante est occupée par les Arabes Anazi, l'une des plus nombreuses et des plus puissantes tribus de la contrée. Le territoire qu'ils couvrent de leurs tentes s'étend jusqu'à Damas. Ils environnent Palmyre, et quiconque veut traverser le désert, voyageurs ou marchands, est obligé de réclamer leur protection. Les Arabes Anazi sont un des plus beaux types de leur race, ils sont grands, sveltes, actifs, et cavaliers infatigables. Les Anazi, sont principalement pasteurs, ils élèvent des quantités innombrables de chameaux, et des chevaux qui sont aussi renommés que ceux du Nedj. Les troupeaux de moutons et de bœufs sont cantonnés sur les bords de l'Euphrate, et ne sont conduits dans l'intérieur que dans les cas de dissentions avec les autorités ou les tribus du voisinage.

Les Anazi sont peu adonnés à la culture, ils laissent ce soin à des fellahs appartenant à des tribus inférieures. L'orge et le doura composent leur principale récolte, on cultive aussi une quantité prodigieuse de melons, de pastèques et de concombres, la rapidité de la croissance de ces fruits, est un des avantages les plus appréciés des Arabes. Le riz et les dattes forment la base de leur nourriture, ils mangent au lieu de pain, des galettes de farine d'orge mélangée d'un peu de froment, qui sont cuites sur un fer chaud, au moment du repas. Cette espèce de bouclier de tôle, un chaudron pour le riz, et un autre pour faire boire les chameaux, forment tous les ustensiles de cuisine des Arabes. Ils n'ont pas de poterie, mais elle est remplacée par des vases faits en feuilles de dattier tressées, et enduites de bitume. Les outres de toutes dimensions servent à contenir les liquides, l'eau, le beurre, et le lait.

Les Anazi consomment le lait de leurs chamelles, mais jamais celui de leurs juments ; ils diffèrent en cela des tribus qui occupent les steppes de la mer Caspienne. Ce sont les femmes qui sont occupées de tout ce qui se rapporte à l'habitation et à la famille, elles meulent le grain, font le beurre, tissent les étoffes destinées aux tentes et aux vêtements. Le beurre se fait au moyen d'une outre suspendue à trois perches placées en faisceau, et l'on agite incessamment l'outre jusqu'à ce que le beurre soit fait. Le lait aigri, qu'on appelle *Leben*, n'est autre que le lait de beurre, l'autre espèce de laitage, d'un emploi général dans tout l'Orient, est le *Youhourt*, sorte de lait caillé qui se fait en mettant dans du lait doux quelques cuillerées de caillé. Il y a aussi une autre préparation de laitage faite de farine de riz, cuite dans du lait, on lui donne le nom de *moalibi.*

Si l'on ajoute à ces diverses préparations le *Caïmak*, qui s'obtient en faisant bouillir le lait dans de grands vases plats qui sont écrémés à mesure que la peau se forme, on aura toutes les variétés de préparation du laitage dans ces contrées. Les Arabes ne font aucun usage du fromage, ils ne paraissent pas le connaître, dans les bazars de la ville, on trouve chez les atar, ou épiciers, une espèce de caillé saléconservé dans des outres, mais il ne se fabrique pas dans les tribus. On l'appelle *Misitra.*

Les femmes soumises à de pénibles travaux, sont tout-à-fait dépourvues de grâces et de beauté; elles ont d'ailleurs des modes qui suffiraient pour défigurer le visage le plus parfait. Dès qu'une jeune fille a atteint l'âge de sept ou huit ans, on lui perce la narine droite pour recevoir les ornements qu'elle devra porter à l'époque de son mariage. Le trou fait dans la narine, est entretenu en y mettant un clou de girofle. Lorsque la fille se marie, elle a le droit de passer à son nez un grand anneau d'argent, qui a plusieurs centimètres de diamètre. Les oreilles supportent des pendants gigantesques, les jambes sont armés de karcals, grands anneaux également d'argent qui sont souvent d'une dimension telle, que la marche en est fort gênée. Il est probable que c'est du mot arabe *karcal*, que nous avons fait *carcan*, l'un est aussi gênant que l'autre. Nous devons dire pour être juste, que les dames grecques d'Athènes ne partageaient pas cette opinion, car elles avaient adopté cette mode bizarre qui leur était sans doute venue de ces mêmes pays babyloniens à la suite des campagnes d'Alexandre.

Ces anneaux de jambes portaient le nom de périscélides (du mot *skelos*, jambe), les dames romaines imitaient en cela les dames grecques.

(1) ..... Sapè catellam.
Sæpè periscelidem raptam sibi flentis.....
(HORAT. Ep. I, 17, 56.)

Là ne s'arrête pas la toilette d'une femme arabe, nouvellement mariée, elle porte à son cou des colliers de corail et d'argent, et presque toujours un petit miroir pour pouvoir admirer sa beauté à loisir. Nous ne devons pas oublier les bracelets, qui sont au nombre de deux ou trois à chaque bras, puis les pièces de monnaie, médailles et amulettes, qui ornent la chevelure. Tous ces ajustements sont complétés par le tatouage, qui se pratique sur le front, sur les joues, aux lèvres, et sur les bras, chaque tribu à son dessin favori. Parmi les ajustements du collier, presque toutes les femmes arabes portent une petite boite d'argent, suspendue à une chaîne; cette boite contient une patte de porc-épic, c'est un remède souverain pour conserver la beauté du sein, et l'on peut s'assurer à quel point ce genre d'amulette remplit bien son but.

Le vêtement se compose d'un *séroual* ou pantalon en soie ou en coton, une *gandoura*, ou chemise de toile bleue, un *foutha* ou serviette de toile guinée, rayée de couleurs éclatantes, lie leur taille, enfin sur la tête elles

1 Il va sans dire que ceux qui traduisent ce mot par bracelet font un contre-sens.

portent un fichu ou voile ordinairement noir, mais qui ne leur sert pas à cacher leur visage, car les femmes arabes ont rejeté bien loin cette habitude des habitants des villes. Les bas sont inconnus dans les tribus, la plupart des femmes marchent nu-pieds, ou portent quelquefois des babouches de cuir qui ont la forme de sandales.

Le costume des hommes est plus riche et non moins compliqué. Ils ont une gandoura en soie ou en coton blanc, par-dessus laquelle ils endossent un haïck de soie, ordinairement rouge à mille raies; une triple ceinture ceint leur taille, la première est pour retenir le haïck, la seconde, en étoffe riche et brodée, couvre une partie de la poitrine et du ventre, enfin la troisième en marocain rouge, sert à porter l'arsenal, le candjiar, le yatagan, les pistolets et l'amorçoir du fusil. Cette dernière arme n'est pas entre les mains de tout le monde, le commun des arabes est armé d'une lance faite d'une tige de bambou, et qui leur vient des Indes. Quelques-uns ont l'habitude d'orner le fer de la lance d'un bouquet de plumes d'autruche. La tête est couverte d'un bonnet de feutre ou chéchia sur lequel est jeté un grand mouchoir de soie jaune avec une longue frange qui pend sur les épaules, le tout est lié par l'égyé, ou corde faite en laine de chameau, c'est le signe caractéristique de l'Arabe, cet ajustement est usité chez toutes les tribus nomades de race arabe, en Asie comme en Afrique.

Le vêtement de dessus, celui qui est commun à toutes les tribus arabes de l'Orient et qui est usité dans toute la Perse et l'Afganistan, est un grand manteau, de forme carrée, qui porte le nom de *haba*, et dans quelques provinces, on l'appelle *machela*. Le haba est fabriqué avec la plus fine laine de chameau ou de chèvre, il varie de couleur dans chaque tribu, tantôt il est noir, tantôt noir avec de grandes raies blanches, on en fait aussi de laine brune. Le haba ne quitte jamais l'Arabe, il dort enveloppé dedans, et s'abrite également contre le froid et l'ardeur du soleil. Le burnous est inconnu chez les Arabes de l'Orient, on ne les trouve pas même en Egypte, c'est un vêtement tout à fait africain du Magreb, il est à croire qu'il n'a pas l'antiquité du haba, qui est un vêtement tout à fait biblique, le bournous paraît être un souvenir du bardocucullus que portaient les Romains.

Les douairs des Anazi ressemblent à ceux de toutes les tribus d'Afrique : au milieu est une grande tente vide, portée par quatre piquets, c'est le Medjélès, où s'assemblent les anciens et où se rendent les jugements ; c'est là aussi que l'iman crie la prière. La tente du scheik se compose ordinairement de plusieurs compartiments richement brodés et garnis de coussins. D'autres tentes, rangées autour, servent pour les femmes, les enfants, toujours nombreux dans les tribus, et l'attirail du ménage. Les chevaux sont placés au piquet autour des tentes, et d'autant plus rapprochés qu'ils sont plus estimés. La jument favorite est quelquefois introduite dans la tente. Les chiens, les faucons, et tout l'attirail de la fauconnerie sont dispersés à l'entour, chaque membre de la tribu a sa tente placée selon le degré de son importance ; aussi, pour l'étranger qui arrive au douair c'est un tableau aussi imposant que pittoresque et plus d'un Européen, en voyant cette vie libre, exempte de besoins factices, a-t-il jeté un coup d'œil de tristesse sur cet Occident qui étouffe dans sa civilisation surmenée.

Les tribus des Anazi sont presque indépendantes, elles doivent cependant verser annuellement entre les mains des pachas un tribut en argent, et fournir, d'après un usage qui date des anciens timars (ancienne organisation politique du gouvernement turc), quelques milliers de cavaliers ; mais il est une autre redevance nouvellement instituée par le sultan, c'est celle du rédif ou de la conscription. A celle-ci les Arabes ont toujours résisté avec énergie, et c'est la cause ordinaire de toutes leurs luttes avecle gouvernement de la

Porte depuis une vingtaine d'années. La plus grande expédition à laquelle ils aient eu à résister est celle de Kourchid-Pacha, en 1845. Il avait rassemblé une dizaine de mille hommes aux environs de Bassora, mais autant valait entreprendre la guerre aux nuages. Les Arabes se retirèrent dans le désert, et l'armée turque, après avoir pénétrée jusqu'à Zobeïr, revint harrassée, à Bassora, n'ayant eu que quelques escarmouches avec les coureurs arabes. Le gouvernement de Mehemet-Ali leur offrait un appui assuré, ils étaient la meilleure garde de ses frontières du côté de l'est. Dans ces dernières années, Omer-Pacha tenta une nouvelle expédition contre les Anazi, la résistance fut plus sérieuse, mais à bout de ressources d'argent et d'hommes, le pacha de Bagdad n'obtint pas plus d'avantages que ses prédécesseurs; seulement, pendant toute la lutte, les caravanes de Bagdad ne pouvaient traverser le désert sans être exposées à être pillées. Les journaux d'Europe ont bien des fois rendu compte des vols et des massacres exercés par les Anazi, dans leur domaine impénétrable.

Au nord de Bassora, entre Sémava Souk-el-Schiouk et Kéféli, le territoire est occupé par une autre tribu puissante, celle des Montéfik; mais cette dernière, étant plus voisine de la capitale, et étendant son parcours jusque dans les plaines de la Mésopotamie, a, de tout temps, été plus facile à atteindre par le gouvernement de la Porte. Aussi les Montéfik peuvent être regardés comme soumis, après avoir perdu une grande partie de leurs richesses; bien plus, une grande partie des Montéfik, de nomades et pasteurs qu'ils étaient, a été réduite à la condition de fellah, c'est-à-dire de cultivateurs. Ce sont ces Arabes, qui ont entre les mains (soit comme concessionnaires, soit comme khamis, c'est-à-dire fermiers au cinquième des produits) les terres cultivables sur les bords de l'Euphrate. Ils ont acquis dans cette nouvelle position, que date de plus d'un siècle, une certaine importance et une habilité assez grande à entretenir et à pratiquer l'irrigation des terres.

Les tribus ou les sous-tribus de laboureurs sont fixes ou vagabondes. Ces dernières choisissent chaque année les terres à ensemencer; ce sont ordinairement les terrains qui ont été naturellement engraissés par les débordements de l'Euphrate, qui laisse dans l'immense espace qu'elles ont recouvert, des sortes de bassins que les Arabes appellent *hores* quand ils sont étendus, et *rhdirs* quand ils le sont moins. Les cultivateurs se construisent des cabanes ou gourbis en roseaux qui abondent sur le bord du fleuve, et commencent à labourer à mesure que le limon se dessèche. Ils ont avec eux des troupeaux peu nombreux, qui trouvent leur nourriture, tant dans les plantes du désert que dans les premières pousses de l'orge et du blé, qui leur sont abandonnées. Les Arabes prétendent que c'est un moyen d'activer la végétation.

L'usage des Noria leur est inconnu; mais on emploie, sur tous les bords du fleuve, pour puiser de l'eau, un certain système qui ne manque pas de simplicité. Sur une plate-forme, mise en encorbeillement au-dessus du lit du fleuve, s'élève un manége et un double câble, montant et descendant; à l'un de ces câbles est attaché un grand cornet ou cône de cuir, percé par en haut et par son extrémité inférieure. Le cheval, en tournant le manége, fait descendre le cône dans l'eau, où il s'emplit, et la corde attachée à la pointe du cornet, en relève le bout, de sorte que l'eau ne peut plus tomber, et remonte sur la plate-forme où elle est versée dans des rigoles.

Toute cette région de l'Irac est la vraie patrie du palmier, qui s'y trouve multiplié à l'infini, depuis l'embouchure de Chat-el-Arab, qui déploie son immense nappe d'eau dans une largeur de quatre ou cinq milles, jusqu'à Bagdad. Les bords de l'Euphrate présentent une succession non-continue de jardins, surtout aux environs des villes du rivage. Les dattes sont recueillies en décembre, et mises en provisions dans de grandes outres de peau de veau ou de bœuf, où elles sont foulées avec les pieds, de manière à former une masse compacte. Les dattes de qualité inférieure sont réservées pour les chevaux de prix, qui les mangent avidemment, mêlées avec leur orge et leur doura.

Le bois de dattier est le seul qui soit employé dans les constructions des pays, il forme les plafonds des maisons, et l'on peut faire encore aujourd'hui, la même observation que faisait Strabon en son temps, c'est que les poutres de dattier quelque soit le poids dont on les charge, se courbent toujours par en haut, tandis que les autres bois, fléchissent dans le sens du poids qu'ils supportent.

Ce premier pas des Arabes vers la vie sédentaire, les a conduits peu à peu à établir des lieux de marché qui sont devenus des villes, telles sont Sémava et Souk-el-Schiouk (le marché des Scheiks) ; cette dernière place, située à environ trente lieues de Bagdad, est devenue le grand entrepôt des marchandises qui viennent des Indes et de la Perse, pour être portées dans le désert. Elle est sous le gouvernement d'un scheik, qui ne l'habite pas, mais qui vient à certaines époques pour régler les affaires de son gouvernement. Les autorités turques paraissent à peu près étrangères à cette administration. Souk-el-Chiouk est une ville d'environ sept ou huit milles âmes, mais l'état d'abandon et de misère dans lequel se trouvent la plupart des maisons et des bazars prouve que cette place est plutôt en décadence qu'en progrès.

De nombreux canaux entourent la ville et portent la fertilité dans les jardins qui l'environnent. Au nombre des charges que le gouvernement a imposées aux Montéfik soumis, se trouve celle d'entrenir les canaux et les jetées, qui arrêtent les débordements de l'Euphrate. Mais on peut dire qu'un pareil devoir est au-dessus des forces de ces tribus qui manquent de presque tous les éléments nécessaires pour accomplir de tels travaux. Aussi, depuis une vingtaine d'années, les ravages de l'Euphrate vont toujours croissant. En 1838 une terrible inondation a balayé tout le territoire entre Kéféli et Bassora, et le pays paraît à peine remis de cette dévastation. A partir de Souk-el-Schiouk jusqu'à Babylone, l'Euphrate se divise en une multitude de canaux parmi lesquels on compte le Pallacapas d'Alexandre, qui est toujours navigable; mais en remontant le fleuve vers Lemloun, les canges s'egarent dans des marais, dont les rivages, bordés d'épaisses forêts de roseaux, s'élevant à plus de dix mètres de hauteur, donnent une parfaite idée des rivières encore vierges du Nouveau-Monde.

Avant de parler des diverses tribus qui habitent ces parages il est nécessaire de terminer l'esquisse de la vie des Montéfik.

Ces Arabes se regardent comme la race la plus noble parmi leurs compatriotes, ils étaient déjà réunis en tribu sous le nom de Zathan dès le second siècle de l'hégire; cette souche se divisa en deux branches qui sont les Adjouad et les Beni-Melek. Ils occupèrent tout le territoire de la Chaldée et de la Mésopotamie, et vécurent en paix avec les califes, consentant, sous forme de présens à payer une certaine redevance au gouvernement de Bagdad. Mais des discussions étant survenues entre eux, le gouvernement de Sélim Ier profita de l'occasion pour les attaquer. Le Scheik Sadoun, ayant refusé le tribut, fut surpris par les troupes du Sultan, et mis à mort. Les Scheiks Hamid, et Thamer ayant accepté la suprématie de la Porte, on leur concéda de nouveau les droits de parcours entre Sémava et Bassora, aux conditions qui ont été mentionnées plus haut. Les Montéfik se trouvent en ce moment dans un état transitoire entre la vie nomade et la vie sédentaire. Quelque soit le mépris qu'ils professent pour cette dernière existence, ils s'y soumettent peu à peu, et si les familles de scheiks continuent d'habiter sous des tentes, ils louent à leurs fellahs des terres de leur appartenance et savent fort bien profiter des produits. On sait combien tout ce qui est chiffre positif est difficile à obtenir des hommes d'Orient, aussi ne peut-on arriver à connaître d'une manière approximative, ni le nombre des tribus appartenant aux Montéfik, encore moins le nombre de tentes ou des familles qui composent cette importante fraction de la nation Arabe. Ils varient dans le nombre de vingt à trente mille tentes. Ils ne sont tenus de fournir à la Porte que douze mille cavaliers.

Outre les deux grandes villes qui ont été mentionnées plus haut, les Montéfik ont un assez grand nombre de villages fixes ou temporaires répandus dans toutes leur contrée. La plupart sont composés de maisons faites en roseaux tressés quelquefois revêtus d'argile, et ayant toutes une tourelle qui sert pour sécher les dattes, c'est l'exacte représentation des Dachera ou villages du Sahara, seulement les villages de l'Arabie ne sont jamais entourés de murailles, le déplacement subit étant le moyen de défense le plus usité dans cette région, on n'hésite pas en cas d'alerte à quitter les gourbis de roseaux et à y mettre le feu.

Tout ce qui a été dit des Anazi pour le costume et les habitudes patriarcales, peut s'appliquer aux Montéfik. Ces derniers sont en relation constante avec Bagdad, c'est là qu'ils vont chercher tout ce qui ne se fabrique pas chez eux, et notamment les armes riches et la sellerie.

A mesure qu'on s'enfonce dans les marais de Lemloun et dans ces forêts de roseaux dont il a été question on se trouve en contact avec des tribus qui n'ont plus rien de commun avec les grandes familles qui occupent le désert.

Ici nous n'avons plus de point de comparaison que dans les contrées les plus déshéritées du Nouveau Monde. Lorsque la cange poussée avec une pagaye, s'enfonce dans ces labyrinthes; on voit tout à coup paraître du milieu des roseaux une tête humaine tatouée, portant une chevelure qui ressemble à des serpents, et qui crie au voyageur: *Thamar!* (des dattes). Si l'on forme une boule avec cette pâte de dattes, qui est presque la seule provision de bouche dans ces parages, et si on la jette à cet être humain, alors chaque tige de roseau vous montre une autre figure, exactement comme les faunes et les égypans de l'antiquité qui sortaient des arbres, et c'est un concert de voix rauques qui ne prononcent que ce mot *Thamar! thamar!* On n'a encore distingué ni mâles ni femelles dans cette apparition fantastique, mais comme ils paraissent inoffensifs, on aborde, en ayant soin de laisser la cange à distance, pour ne pas être envahi. Mais toute l'assistance se met à prendre la fuite en poussant des cris aigus. Le recrutement turc se présente sous des formes si diverses que l'on ne saurait trop se méfier de l'arrivée d'étrangers dans ces parages.

Ces Arabes qui parlent un dialecte très-difficile à comprendre, même pour les indigènes, vivent presque à l'état sauvage dans toutes ces lagunes dont les abords sont défendus par les forêts de roseaux; ils connaissent à peine les fusils et même l'arme blanche; leurs seuls moyens de défense sont de grands bâtons noueux durcis au feu ou de petites massues rondes faites d'une sorte de racine fort dure; ils n'ont pour tout vêtement qu'une chemise de coton; les enfants vont nus jusqu'à l'âge de la puberté. Cette tribu se distingue des autres Arabes par la manière de porter la chevelure; ils ont, sans exception, hommes et femmes, la tête constamment nue, et leurs cheveux sont réunis en une foule de petites tresses artistement faites qui tombent le long de leurs joues et derrière la tête; ils habitent des cases faites de tiges de roseaux, les unes en dôme gothique, les autres en cônes. Quelques buffles errent sur le rivage, mais ne servent point à la nourriture, qui paraît être presque exclusivement composée de dattes et d'herbages. Pendant qu'ils causaient, on en voyait ramasser machinalement de grandes touffes de feuilles de mauves et les brouter tout à fait comme leurs chèvres.

Les femmes sont le plus triste type de l'espèce féminine qu'il soit possible de rencontrer ; vieilles et fanées avant l'âge, elles ont leurs tresses hérissées et enduites de beurre, qui donnent à leur visage l'aspect d'autant de Gorgones, avec leurs chevelures de serpents. Ces Arabes paraissent une fraction des Mâdan, dont il sera bientôt question. On remarque, parmi les jeunes gens, quelques beaux types, mais il en est un plus grand nombre qui portent les traces de maladies endémiques très-répandues dans la contrée. L'ophtalmie d'abord, et l'éléphanthiasis sous divers aspects, enfin cet ulcère si répandu dans toutes ces régions, connu en Europe sous le nom de bouton d'Alep, et qui est tout aussi commun à Bagdad. Le bouton d'Alep se présente d'abord sous la forme d'un clou ou d'un furoncle; on le distingue, en mâle, quand il est unique, et en femelle, lorsqu'il est multiple. Ce bouton commence par s'ouvrir au bout de quelques jours, il en découle une sanie purulente, et bientôt ses bords s'élargissent et il finit par ronger les chairs environnantes et à former un large ulcère, d'une guérison très-difficile. Il attaque les étrangers comme les indigènes, et se manifeste plus généralement sur la figure que sur les bras. Un fait assez curieux, c'est qu'on a retrouvé le même bouton endémique à Biscra, en Algérie, c'est-à-dire qu'il se manifeste dans toutes les contrées où les dattes forment la base de la nourriture de la population. On pourrait en conclure qu'il est la conséquence d'une nourriture qui manque de principes azotés, puisqu'il est principalement répandu parmi les populations dactylophages. Il est aussi difficile d'obtenir des détails sur l'état social des Arabes dans cette région que de déterminer d'une manière positive leur situation géographique au milieu de ces divers cours d'eau que forme l'Euphrate, qui sont en hiver des rivières rapides, et qui peut-être en été offrent l'aspect de fossés desséchés. En remontant toujours le fleuve, vers Kéféli, on rencontre de nouveaux campements d'Arabes riverains, qui portent le nom de Madân. C'est le type le plus abaissé de la race arabe : au premier moment on est tenté de retrouver, à cause de leur nom, un reste des antiques tribus des Madianites de la descendance d'Abraham; mais il est plus probable qu'il se compose des mots arabes *ma-dan*, non-savants, ou Arabes ignorants. Ces indigènes vivent sous des gourbis plutôt que sous des tentes; ils sont uniquement occupés à élever des buffles qui se plaisent dans les canaux et les lagunes de l'Euphrate et forment des nombreux troupeaux qui servent au labourage des rhdir ou bassins desséchés. Les Madân sont certainement les plus sauvages et les plus abrutis des Arabes, et leur intelligence ne paraît pas s'élever beaucoup au-dessus de celle de leurs buffles. Ils forment une sorte de village ou douair, composé d'une centaine de huttes, dressées avec un certain art et entourées de haies, qui forment autant de parcs où les bestiaux viennent d'eux-mêmes se parquer à la nuit tombante. Si une *bufflesse* est au moment de mettre bas, on lui donne place dans le logis de la famille, et dans chaque salle d'assemblée il y a toujours trois ou quatre jeunes buffles en sevrage. Les fientes sont rassemblées en tas et forment des espèces de murailles qui servent de combustible.

On ne saurait peindre une figure plus hideuse que celle des femmes, qui paraissent n'être qu'un tas de haillons qui marche; ce qui peut donner une idée de leur extrême pauvreté, c'est que les bijoux, même de cuivre, sont inconnus chez elles, mais elles portent des bracelets de corne.

En quittant ces parages, on finit par arriver à Kéféli, ville presque entièrement composée d'Israélites, qui gardent et vénèrent le tombeau d'Ézéchiel. La région de l'est renferme les deux grandes et célèbres villes de Koufa et de Kerbéla ; cette dernière est sacrée aux yeux des Persans comme renfermant le tombeau d'Ali. Aussi, est-elle le but d'un pèlerinage perpétuel des sectateurs de cet iman, qui y attachent une importance au moins égale au pèlerinage de la Mecque. Tout Persan qui a accompli le pèlerinage de Kerbéla, prend le titre de Kerbélaï, comme les autres prennent celui de Hadji. C'est le vœu le plus cher des Persans de reposer, après leur mort, dans cette terre sacrée, et, chaque jour, la route de l'Irac-Adjémi est sillonnée par des caravanes de cercueils qui sont apportés de toutes les régions de la Perse dans ce dernier asile des Chyâs, sectateurs d'Ali. La terre de Kerbéla est si sacrée aux yeux de ces derniers, que chaque pèlerin emporte des petites tablettes faites de la terre du pays, portant le cachet de l'iman du lieu, et ils les placent sur le sol où ils font leur prière, afin de toujours prosterner leur front sur la terre où repose le grand iman.

Cette région a été jadis en possession d'une tribu qui a disparu depuis bien des années. Ce sont les Karmathes, qui ont été maîtres de l'Irac dans le neuvième siècle ; ils furent réunis en corps de peuplade par Hamadan Karmath, qui vint s'établir à Nar-Aïn, près de Koufa ; il se présenta d'abord comme un iman réformateur, mais bientôt il s'empara de toute la contrée. Les Karmathes sont les inventeurs de cette écriture monumentale qu'on remarque sur la plupart des édifices de la contrée et notamment sur les minarets de Bagdad et d'Alep. L'écriture karmatique a l'aspect d'une grecque ou ligne de bâtons rompus, dans lesquels s'encadrent les caractères avec beaucoup d'art ; les lettrés du pays font une distinction entre le karmatique et le coufi. Toute cette population, comme la secte qui faisait son principal lien, a complétement disparu de la contrée.

Une autre tribu, mais bien inférieure en nombre et en puissance, erre dans les plaines de Bagdad : ce sont les

Jerboah, qui paraissent faire diversion d'avec les Montefik.

Comme le système patriarcal est le principe de toutes les tribus arabes, il n'en est pas une seule qui ne se divise en sous-tribus, qui prennent toutes le nom de leur auteur, en le faisant précéer du mot Ben-i, fils de, comme les Ben-i-Himan et tant d'autres. Enfin, au nord de Bagdad, jusqu'au grand Zab, sont cantonnés les Afchar, mais ces cavaliers doivent plutôt être rangés parmi les tribus du Kurdistan, qui, par leur variété et leurs mœurs, méritent une étude à part.

CH. TEXIER, de l'Institut.

Paris. — De Soye et Bouchet, imprimeurs, place du Panthéon, 2.

REVUE
ORIENTALE ET AMÉRICAINE

ET

Comptes-Rendus de la Société d'Ethnographie américaine et orientale

DIRIGÉS PAR

LÉON DE ROSNY

Secrétaire-perpétuel de la Société d'Ethnographie.

Prospectus

La *Revue orientale et américaine* est fondée dans le but de contribuer à la connaissance du Nouveau-Monde et à l'étude des différentes nations de l'Orient, aux points de vue éminemment variés de l'ethnographie, de l'archéologie, de l'histoire, de la géographie, de la linguistique, de la littérature, de la religion, de la philosophie, des sciences, des arts, de l'industrie et du commerce.

La direction de la *Revue* s'est assuré la collaboration d'écrivains spéciaux, d'académiciens, de voyageurs, de littérateurs, d'artistes ; et, avec le bienveillant concours qui lui est promis de toutes parts, elle s'efforcera d'introduire successivement toutes les améliorations que comporte le cadre de cette publication périodique. — Les articles insérés dans la *Revue* sont rigoureusement inédits.

La *Revue orientale et américaine* paraît régulièrement le 5 de chaque mois, par cahier in-8°, composé soit de 5 feuilles de texte, soit de 3 à 4 feuilles avec planches ou cartes. Elle est imprimée avec caractères orientaux, sur beau papier cavalier, de manière à former chaque année deux forts volumes in-8°, ornés de cartes, gravures, lithographies, dessins sur bois, impressions en couleurs, etc.

Une Table générale des articles et un index analytique et raisonné des matières sont joints à chaque volume.

La *Revue Orientale et Américaine* a l'honneur de compter parmi ses Rédacteurs :

MM. Jomard, Ch. Lenormant, Garcin de Tassy, Stanislas Julien, Alfred Maury, Ernest Renan, Adrien de Longpérier, Munck, de Saulcy, Brunet de Presle, Texier, membres de l'Institut (Académie des Inscriptions et Belles-Lettres) ; de Pongerville, membre de l'Académie française ; Halévy, secrétaire-perpétuel de l'Académie des Beaux-Arts ; Chodzko, professeur de littérature slave au collége de France ; Eichhoff, correspondant de l'Institut ; Foucaux, professeur de littérature sanscrite et tibétaine au Collége de France ; Gorresio, secrétaire-perpétuel de l'Académie de Turin ; Oppert, professeur à la Bibliothèque impériale ; Dulaurier, professeur de langues océaniennes à l'Ecole spéciale des langues orientales ; Pauthier, orientaliste ; le comte Melchior de Vogüé ; Castaing, orientaliste, Defrémery, le marquis d'Hervey-Saint-Denys, Léon de Rosny, membres du Conseil de la Société asiatique.

Jacques Valserres, agronome, rédacteur de *la Presse.*

Aubin ; l'abbé Brasseur de Bourbourg, ancien administrateur des Indiens de Rabinal (Guatémala) ; Ferdinand Denis, de la Bibliothèque Sainte-Geneviève ; Cortambert ; Malte Brun ; H. de Charencey ; Vivien-Saint-Martin ; Charles de Labarthe.

Le baron de Bourgoing, sénateur ; le prince Vlangali-Handjéri ; le comte de Charencey, ancien représentant du peuple ; Léouzon-le-Duc ; Eugène Pelletan ; Ch. Louis Chassin ; Alfred Assolant ; George Bell ; François Lenormant, rédacteur de l'*Ami de la Religion ;* Bonneau, de *l'Opinion nationale ;* Charolais, de *la Presse ;* Schoebel, de *l'Univers.*

Mgr. Pallegoix, évêque de Mallos, vicaire apostolique de Siam ; l'abbé Bargès, professeur d'hébreu à la Faculté de théologie ; le P. Furet, missionnaire apostolique au Japon ; le P. Mermet, de la Société des Missions étrangères, à Hong-Kong.

Mirza Ali Naghi, secrétaire de la légation de Perse ; le colonel Mousein Khan ; Nazare Aga, le docteur Sadég-Khan, Soliman-al-Haraïri, notaire arabe, etc., etc.

Prix de l'abonnement pour l'année :

Paris.	25	francs.
France, Algérie et Colonies.	28	—
Étranger.	32	—

DIRECTION : 15, RUE LACÉPÈDE.

On souscrit chez les Libraires-Correspondants de la *Revue :*

Paris, **Challamel aîné**, commissionnaire pour l'Algérie, 30, rue des Boulangers.

Londres : **Trübner and C°.**	Pétersbourg : **Issakoff.**
Amsterdam : **L. van Brockkenes.**	Moscou : **Deubner**
Leipzig : **F. A. Brockhaus.**	Adelaïde [Australie] : **Wolgemuth.**
Bruxelles : **Lebègue et Comp.**	Le Caire : **Ozanne.**
Alger : **Bastide.**	Athènes : **Nast.**
Constantine : **Bastide et Amavet.**	Pesth [Hongrie] : **Emisch.**
Oran : **Villet.**	Varsovie : **Natanson.**
Bone : **Besson.**	Christiania : **Dahl.**
Batna : **Legrand.**	Bucharest : **Rosetti.**
Stockholm : **Bonnier**	Constantinople : **Kœhler frères.**

AVIS. — Tout ce qui concerne la rédaction doit être adressé *franco* au Bureau de la *Revue orientale et américaine*, rue Lacépède, 15, à Paris.

Paris. — DE SOYE et BOUCHET, imprimeurs, 2, place du Panthéon.

www.ingramcontent.com/pod-product-compliance
Lightning Source LLC
LaVergne TN
LVHW052025160826
845678LV00003B/1203

* 9 7 8 2 3 2 9 6 4 2 4 3 7 *